성도의
헌금생활

교회생활 매뉴얼 9

성도의 헌금생활

교회와 신앙을

이해하는

새 신자 GUIDE

교회에 첫발을

내딛는 분들을 위한

헌금생활 안내서

황원하 지음

생명의 양식

『교회생활 매뉴얼』시리즈는 신앙생활을 시작한 지 얼마 되지 않은 분들에게 기독교의 기초를 알려드리기 위해서 기획되었습니다. 즉 기초교육 교재입니다. 시리즈는 총 열두 권으로 구성되어 있는데, 저자들은 현직 목회자와 신학교 교수입니다. 이들 모두는 건전한 신학 입장을 견지하는 가운데 다년간 목회 현장에서 성도들을 양육한 경험을 지녔습니다. 즉 이론과 실무를 겸비했습니다. 그러므로 교회는 안심하고 이 시리즈를 사용할 수 있습니다.

편집장은 시리즈를 기획하면서 새 신자들이 반드시 알아야 할 주제들이 무엇인지를 생각했고, 선택한 주제들을 열두 개로 분류했으며, 각 책을 집필하기에 가장 적합한 저자들에게 원고를 청탁했습니다. 그리고 저자들은 성의껏 집필해 주었습니다. 주제뿐 아니라 문투 역시 새 신자들이 이해할 수 있게 하려고 애썼습니다. 따라서 글을 읽는 데 어려움이 없을 것입니다.

우선, 이 시리즈는 교회에서 새 신자 교육용으로 활용하기에 적합합니다. 시리즈가 열두 권이고 각 책의 분량이 많지 않으므로 한 달에 한 권씩 공부한다면 일 년에 전체를 마칠 수 있습니다. 각 장 뒤에 '나눔'을 위한 질문이 있으므로 인도자와 새 신자가 책을 읽고 함께 토론할 수 있습니다. 하지만 형편이 여의찮으면 굳이 함께 읽지 않아도 됩니다. 새 신자가 혼자서 읽어도 내용을 어느 정도 이해할 수 있을 것이기 때문입니다. 각 장을 읽은 후 인도자와 더불어 소감을 나누거나 토론하면 됩니다. 이를 통해 믿음의 근본을 잘 세울 수 있을 것입니다.

나아가서, 이 시리즈는 새 신자뿐만 아니라 기존 교인들의 교리적 기초를 탄탄히 다지는 데도 유용합니다. 즉 교인들이 기독교의 기본 교리를 익히게 하는 데 도움이 됩니다. 전체 교인들에게 책을 읽히거나 교역자나 담당자가 가르칠 수 있습니다. 중등 혹은 고등 교리를 가르치기 전에 이 책을 통해서 기초 지식을 습득하게 하시기를 추천합니다.

시리즈 발간을 위해서 수고해 주신 분들께 감사드립니다. 저자들이 바쁜 일정 가운데서 글을 써 주신 데 대해서 심심한 사의를 표합니다. 책을 출간해 주신 총회교육원 이기룡 원장과 김은덕 출판실장을 비롯해서 연구원들께 감사드립니다. 목회 현장에서 양들을 품고 기도하시며 말씀을 전하시는 모든 목회자들께 우리 주님의 은혜가 충만하시기를 기도합니다.

2025년 4월
편집장 황원하

이 책은 『교회생활 매뉴얼』 시리즈 제9권으로 '헌금'에 관하여 설명합니다. 기독교에서 헌금은 대단히 중요하지만, 돈과 연관되었다가 보니 오해를 사는 경우가 종종 있습니다. 교인 가운데 "헌금이 무엇인지? 헌금을 왜 해야 하는지? 어떻게 해야 하는지? 얼마나 해야 하는지?" 등의 의문을 가질 수 있습니다. 헌금에 대한 부담으로 교회에 나오기가 힘들다고 여길 수도 있습니다. 이는 매우 안타까운 일입니다. 헌금을 바로 배웠더라면 이런 일이 생기지 않을 것입니다.

참으로, 헌금의 의미를 바르게 아는 것은 대단히 중요합니다. 하지만 목회자가 막상 헌금에 관해 설교하는 일은 쉽지 않습니다. 자칫하면 신학적(이론적) 담론에 그치거나, 아니면 물질적 기복주의로 흐를 수 있기 때문입니다. 그래서인지 이번에 필자가 책을 쓰면서 헌금에 관하여 설명하는 책을 찾아보았으나 그리 많지 않았습니다. 이 중요한 주제를 언급하는 책이 이렇게 적은 줄 몰랐습니다. 그리하여 필자는 더욱 강한 사명감을 가지고 이 책을 저술했습니다.

사실 필자 역시 헌금 설교를 해 본 적이 별로 없었습니다. 그래서 이 책을 쓰는 가운데 필자가 시무하는 교회에서 각 장에 따라 다섯 번 설교했고, 설교를 마친 후에는 원고를 최대한 정교하게 다듬었습니다. 필자는 성경이 헌금에 관하여 무엇을 말하는지, 그리고 교회법과 교회 전통이 헌금을 어떻게 다루고 있는지를 상세히 소개하고자 했습니다. 특히 한국교회 상황을 충분히 고려하면서 주장을 펼쳤습니다. 그러므로 이 책은 필자가 지닌 신학 역량과 목회 경험이 모두 반영된 결과물이라고 할 수 있습니다.

독자들은 이 책 한 권으로 헌금에 관해 충분한 지식을 얻을 수 있을 것입니다. 헌금에 관해 설교하거나 강의하시려는 목회자들 역시 이 책을 거의 그대로 사용하실 수 있을 것입니다. 이 책이 이론과 현실을 모두 담고 있다는 사실을 알고 매우 수월하게 받아들이리라 생각합니다. 이 책은 다섯 장으로 구성되어 있는데 중요한 개념이나 사상을 조금 다른 각도로 반복하여 언급함으로 마음에 심기도록 했습니다. 또한, 각 장 뒤에 '나눔'을 넣어서 함께 읽고 토론할 수 있게 했습니다. 이 책이 교회와 성도들에게 유익하기를 기도합니다. 독자들께 감사드립니다.

2025년 4월
저자 황원하

차례

시리즈 서문

저자 서문

제1장

헌금이란 무엇입니까? … 13

•

제2장

성경은 헌금에 관하여 무엇을 가르칩니까? … 31

•

제3장

헌금은 어떻게 관리됩니까? … 49

•

제4장

헌금을 어떻게 드려야 합니까? … 67

•

제5장

헌금은 어디에 사용됩니까? … 85

"나와 내 백성이 무엇이기에 이처럼 즐거운 마음으로 드릴 힘이 있었나이까 모든 것이 주께로 말미암았사오니 우리가 주의 손에서 받은 것으로 주께 드렸을 뿐이니이다"

역대상 29:14

제1장
헌금이란
무엇입니까?

제 2 장

─

제 3 장

─

제 4 장

─

제 5 장

제1장
헌금이란 무엇입니까?

돈은 인간의 삶에서 중요한 요소입니다. 실제로 세상의 많은 일들이 돈과 관련되어 움직입니다. 신성하고 거룩한 교회도 예외가 아닙니다. 하나님의 뜻을 실천하고 선한 사업을 수행하기 위해서는 재정이 필요합니다. 그리고 이를 위해 예배 시간에 헌금을 드립니다. 교회에 처음 오신 분들은 헌금에 대해 다양한 의문을 가질 수 있습니다. "헌금이란 무엇인가요? 헌금을 꼭 해야 하나요? 어떻게, 그리고 얼마나 해야 하나요?" 교회에 처음 오신 분들이 이러한 의문을 지니는 것은 자연스럽습니다. 그러므로 이 장에서는 헌금의 의미를 살펴보겠습니다.

1. 돈과 청지기 정신

사람들은 돈을 많이 벌고 싶어 합니다. 돈이

많으면 좋은 것을 많이 지닐 수 있기 때문입니다. 그래서 돈을 많이 벌기 위해 애씁니다. 어떤 이는 일확천금을 꿈꾸기도 합니다. 그래서 복권 등을 사기도 합니다. 그러나 그렇게 하다가 오히려 큰 손해를 보는 경우가 있습니다. 심지어 돈을 나쁘게 사용하기도 합니다. 하나님이 인간에게 주신 것들을 악용합니다. 돈 자체는 나쁘지 않습니다. 세상을 살기 위해서는 돈이 필요합니다. 사람이 열심히 일해서 돈을 버는 것은 정당합니다. 단지 돈을 대하는 자세가 어떠냐에 따라 선과 악이 정해집니다. 그렇다면 돈을 어떻게 대해야 할까요? 돈에 대한 우리의 생각은 무엇이어야 할까요?

성경은 돈의 주인이 하나님이시라고 가르칩니다. 나아가서 세상에 존재하는 모든 것의 주인이 하나님이심을 알려줍니다. 하나님께서 세상 만물을 만드셨으며 친히 소유하고 계십니다. 그러므로 자기 노력으로 돈을 벌었다고 생각하지 마십시오. 인간 마음대로 돈을 소유할 수 없습니다. 오로지 하나님이 주셔야

받을 수 있습니다. 하나님이 어느 날 가져가 버리시면 인간에게 아무것도 남지 않습니다. 돈은 하나님께서 주시는 것입니다. 단지 인간의 수고와 노력을 사용하셔서 주시는 것입니다. 그런데 하나님은 우리가 돈에 집착하는 것을 원하지 않으십니다. 우리는 돈에서 자유로워야 합니다. 돈을 포함한 모든 것이 우리를 얽매지 못하게 해야 합니다.

하나님은 우리가 만물을 잘 관리하도록 청지기로 세우셨습니다. 따라서 우리는 하나님이 맡기신 것들을 잘 관리해야 합니다. 자기 마음대로가 아닌 주인의 뜻대로 사용해야 합니다. 자기 주머니에 있는 돈이라고 해서 자기마음대로 사용해도 되는 것이 아닙니다. 그것을 선용해야 합니다. 하나님은 우리가 돈을 어떻게 사용하고 있는지를 보고 계십니다. 우리가 돈을 잘 사용하면 칭찬을 들을 것이지만, 그렇지 않으면 책망받을 것입니다.

역사적으로 교회와 성직자가 교회 재정을 잘못 사용한 예가 있습니다. 오래전 종교개혁자 장 칼뱅은 중세 시대에 타락한 교회 지도

자들이 돈으로 인해 명예를 더럽혔음을 지적
했습니다. 오늘날에도 교회에서 재정 사고가
일어났다는 소식을 들을 때가 있습니다. 이는
절대로 일어나지 말아야 할 일입니다. 교회
재정관리에 어떠한 부정과 의혹도 없게 해야
합니다. 심지어 교회에 회의적인 사람들이라
도 헌금에 대한 의문과 반론이 없도록 최선
을 다해야 합니다. 이를 위해서 교회는 부단
히 노력해야 합니다. 참으로, 교회와 목사 및
교인들은 돈에 대해서 완전한 깨끗함을 유지
해야 합니다. 성경은 다음과 같이 말합니다.

"많은 재물보다 명예를 택할 것이요 은이나 금보다
은총을 더욱 택할 것이니라"(잠언 22:1).

2. 헌금의 의미

성경은 돈을 버는 것과 쓰는 것뿐만 아니
라, 바치는 것도 중요하게 가르칩니다. 그것
은 '헌금'입니다. 성경에는 '헌금'이라는 단어

가 여러 곳에 나타납니다(예, 민수기 31:50; 역대하 34:9, 14; 마가복음 12:41, 43; 누가복음 21:1, 4; 요한복음 8:20). 또한, 성경에는 '헌금'의 의미를 내포한 다양한 표현이 있습니다(예, '헌물', '예물', '연보'). '헌금'(獻金, offering)이란 용어는 '바치는 돈'을 뜻합니다. 하지만 이것은 돈일 수도 있고 물건일 수도 있습니다. 헌금은 일반적으로 돈을 가리키지만, 돈 외에 사람의 노력과 수고, 시간과 여건, 재능과 봉사 등을 포함합니다. 신자들이 하나님께 드리는 모든 것이 헌금입니다.

헌금은 하나님께 우리가 지닌 돈 일부를 바치므로 돈의 주인이 하나님이시며, 우리가 청지기임을 고백하는 행위입니다. 헌금을 드림으로 우리가 돈의 소유권을 지닌 것이 아니라 단지 관리하는 사명을 지녔다는 사실을 인정합니다. 그러므로 헌금은 매우 중요합니다. 그것은 돈을 기부하는 일을 넘어섭니다. 그것은 믿음의 표현입니다. 우리가 지닌 모든 것, 즉 시간, 재능, 여건, 물질, 형편 등의 소유자가 하나님이시며, 우리가 그것을 선하게 관리하는 청지기임을 기억합시다. 헌금을 바치기 전에 자신을 바칩시다. 그렇지 않으면 헌금이 무의미해집니다.

그러므로 명심하십시오. 헌금은 돈을 넘어섭니다. 그것은 특별한 의미와 가치를 지닙니다. 그것을 귀중하게 여겨야 하며, 신중하게 관리해야 합니다. 교회 운영의 책임자인 목사는 장로들을 비롯한 직분자들과 더불어 헌금에 대한 바른 인식 위에 헌금이 정직하고 투명하게 관리되게 해야 합니다. 그리고 신자들은 헌금을 드릴 때 정성을 다해야 합니다. 하나님이 베풀어 주신 은혜를 감사해야 하며, 자신이 지닌 모든 것이 하나님으로 말미암았다는 믿음을 고백해야 합니다. 헌금을 통해서 선한 일이 행해질 수 있음을 알고 보람을 느껴야 합니다.

3. 다윗의 고백

역대상 29장에는 위대한 왕 다윗이 성전 건

축을 위해서 사용할 예물을 드리는 장면이 기록되어 있습니다. 다윗은 성전을 짓고 싶어 했습니다. 그러나 하나님은 허락하시지 않으셨습니다. 다윗이 성전 건축에 적합한 인물이 아니며, 그의 아들 솔로몬이 성전을 건축하리라고 하셨습니다. 그러자 다윗은 솔로몬이 성전을 지을 수 있도록 필요한 것을 준비합니다. 그리고 성전을 건축하기 위해서 온 백성과 더불어 모은 예물을 바라보면서 다음과 같이 고백합니다.

"나와 내 백성이 무엇이기에 이처럼 즐거운 마음으로 드릴 힘이 있었나이까 모든 것이 주께로 말미암았사오니 우리가 주의 손에서 받은 것으로 주께 드렸을 뿐이니이다"(**역대상 29:14**).

다윗은 모든 것이 하나님에게서 나왔다고 말합니다. 하나님의 손에서 받은 것으로 하나님께 드렸을 뿐이라고 고백합니다. 실제로 이스라엘 백성들은 드릴 것이 없었습니다. 그들 자신의 힘으로 얻은 것이 없었습니다. 그들에게 주어진 것들은 전적으로 하나님에게서 나왔습니다. 다윗은 이어서 다음과 같이 말합니다.

"우리는 우리 조상들과 같이 주님 앞에서 이방 나그네와 거류민들이라 세상에 있는 날이 그림자 같아서 희망이 없나이다 우리 하나님 여호와여 우리가 주의 거룩한 이름을 위하여 성전을 건축하려고 미리 저축한 이 모든 물건이 다 주의 손에서 왔사오니 다 주의 것이니이다"(역대상 29:15-16)

다윗은 인간을 이 세상에 잠시 머무는 나그네와 거류민이라고 표현합니다. 그러면서 세상에 있는 날이 그림자와 같아서 희망이 없다고 고백합니다. 이는 우리가 세상에서 자기 것이라고 주장할 수 있는 것이 없다는 교훈을 내포합니다. 실제로 우리는 빈손으로 왔다가 빈손으로 갑니다. 다윗은 성전을 건축하기 위하여 미리 저축한 이 모든 물건이 다 주님의 손에서 왔으니 다 주님의 것이라고 말합니다. 하나님께서 주신 것들을 하나님께 돌려드렸을 뿐이라는 뜻입니다. 따라서 헌금은 자랑할 것이 아닙니다. 그것은 주인에게 돌려드리는 일입니다.

그러므로 헌금은 물질에 대한 온전한 깨달음에서 비롯됩니다. 믿음이 올바른 사람만이 헌금을 올바로 할 수 있습니다. 영원한 삶을 갈망하는 사람이 헌금을 드릴 수 있습니다. 헌금과 영적 상태는 나란히 갑니다. 즉 돈에 대한 바른 인식과 더불어 헌금을 바로 드리는 신자에게 하나님은 영적인 것들을 맡기십니다. 그리하여 그의 인생은 총체적으로 부요해집니다. 그는 범사에 감사하며 항상 기뻐합니다. 다윗과 이스라엘 백성은 헌금을 드리면서 행복과 감사와 기쁨으로 충만했습니다. 그들은 헌금할 수 있게 하신 하나님께 영광과 찬양을 올려드렸습니다. 그들은 이 일 후에 많은 복을 받았습니다. 헌금은 손실이 아니라 커다란 이득이었습니다.

4. 헌금할 수 있는 기쁨과 복

본래 인간은 하나님과 교제할 수 없었습니다. 이는 인간이 죄를 지어서 하나님과 멀어졌기 때문입니다. 그러나 하나님은 인간을 사랑하셔서 독생자 예수님을 보내 주셨고, 인간이 예수님을 믿으면 하나님의 자녀가 될 수 있게 하셨습니다. 하나님께 가까이 나아갈 수 있게 하셨습니다. "하나님께 가까이 함이 내게 복이라"라는 고백을 할 수 있게 하셨습니다(시편 73:28). 하나님께 가까이 나아갈 수 있는 것은 그 자체로 복입니다. 우리는 이러한 복을 예배 시간마다 누립니다. 예배는 하나님께 가까이 나아가는 일입니다. 예배를 드리면 기쁨이 넘칩니다.

인간은 구원받기 전 하나님께 뭔가를 드릴 수도 없었고, 드릴 것도 없었으며, 하나님이 받지도 않으셨습니다. 인간은 자기가 지닌 것을 자기 소유인 양 착각했으며, 오로지 자기만족을 추구하는 데 바빴습니다. 그러나 구원받은 후 완전히 바뀌었습니다. 세상에서 자기 것이 전혀 없음을 깨달았습니다. 자신이 지닌 모든 것을 하나님이 맡기셨음을 알았습니다. 그리하여 하나님께 자신을 드릴 수 있었습니다. 그리고 하나님은 그의 헌신을 기쁘게 받아 주셨습니다.

이 모든 것은 하나님의 사랑이며 은혜입니다. 하나님께서 먼저 인간을 찾아오셔서 사랑을 베풀어 주셨고 은혜를 내려 주셨으므로 하나님께 드릴 수 있게 되었습니다. 인간이 뭔가를 드렸기 때문에 하나님이 인간에게 복을 주신 것이 아닙니다. 그 반대입니다. 하나님이 인간에게 은혜를 주셨기 때문에 인간이 드릴 수 있게 되었습니다. 그러므로 헌금할 수 있는 것은 기쁨이며 복입니다. 아무나 헌금할 수 없습니다. 하나님의 자녀이기에 하나님께 헌금할 수 있습니다. 이전에는 하나님께 드릴 마음도 없었고, 드릴 것도 없었으며, 하나님께서 받지도 않으셨으나, 이제는 하나님께 드릴 수 있게 되었으니 이 얼마나 감사한 일입니까?

헌금에 대한 하나님의 평가 기준을 명심해야 합니다. 하나님은 우리가 헌금할 때 지닌 마음가짐을 보십니다. 우리가 얼마나 많은 헌금을 드렸느냐를 보시는 것이 아니라 헌금을 드릴 때 어떤 자세와 동기로 드렸느냐를 보십니다. 그러므로 헌금은 돈을 바치는 것이 아니라 자기 모든 것을 바치는 일입니다. 그래서 헌금을 예배 시간에 합니다. 예배는 자신을 드리는 일(헌신)입니다. 우리는 하나님이 베풀어 주신 은혜에 감사하는 동시에 하나님께 헌신을 다짐하면서 헌금을 드립니다. 참으로, 하나님은 헌금 액수보다 헌금을 드리기 위해서 희생하고 다짐한 우리의 내면에 관심을 가지고 계십니다. 그러므로 헌금은 돈을 바치는 행동을 넘어섭니다.

5. 헌금에 관한 오해가 없기를 바람

헌금은 그 자체로 거룩하고 신성합니다. 헌금은 돈 이상의 가치를 지닙니다. 신자들은 헌금을 드림으로 만물의 주인이 하나님이시며,

자신들이 만물을 관리하는 청지기임을 고백합니다. 그리고 교회는 드려진 헌금을 값지고 귀중한 일에 사용합니다. 대다수 교회가 그렇게 합니다. 일부 교회에서 신자들이 바친 헌금을 잘못 관리함으로 실망을 안겨다 주는 경우가 있습니다. 일부 신자들 역시 헌금에 관하여 무작정 부정한 인식을 지니는 수가 있습니다. 하지만 이는 극소수입니다. 분명히, 교회가 돈과 물질을 탐하는 집단이 아니라는 사실과 교인들이 드린 헌금이 매우 정확하고 합당하게 관리되며 사용된다는 사실을 반드시 인지해 주시기를 바랍니다.

교회가 헌금을 어떻게 관리하는지는 조금 후에 설명하겠습니다. 여기서 간략히 말하자면, 교회는 헌금을 매우 엄격하게 다룹니다. 신자들이 정성을 다해서 드린 헌금을 깨끗하고 투명하면서도 민주적으로 관리하고자 최선을 다합니다. 교회에서 재정 관리자는 매우 신뢰받는 분들입니다. 게다가 한 명이 아니라 여러 명입니다. 그래서 일절 의혹이 없게 합니다. 그들은 예배가 끝나면 드려진 헌금을 지정된 장소로 옮기고 헌금을 분류한 후 계수합니다. 헌금 봉투를 일정 기간 보관합니다. 헌금 내역을 전산으로 처리하면서 전체 액수가 정확히 들어맞는지를 확인한 후 서명합니다. 그리고 최종적으로 재정부장과 담임목사가 확인하고 서명합니다. 또한, 헌금 수입과 지출 사항을 정기적으로 교회 회의에 보고함으로 투명성을 높입니다. 하지만 교인 개인의 헌금 액수는 일절 공개하지 않습니다. 그 내용은 극소수 인원만 볼 수 있으며, 그들은 비밀을 절대 유지합니다. 재정 관리자들은 헌금이 하나님의 돈이며, 성도들의 피와 땀이라는 사실을 잘 알고 있습니다. 따라서 헌금 관리에 대하여 염려할 필요가 없습니다.

▶ 나눔 ◀

1. 돈에 대한 당신의 생각을 말해 보세요.

....

....

....

2. 헌금이란 무엇인가요?

....

....

....

3. 다윗 왕은 어떤 심정으로 헌금했나요?

....

....

....

4. 헌금을 드릴 수 있는 기쁨과 복에 대해서 말해 보
   세요.

   ----

5. 지금까지 헌금에 관해서 오해한 것은 무엇인가요?

"누가 이 세상의 재물을 가지고 형제의 궁핍함을 보고도 도와 줄 마음을 닫으면 하나님의 사랑이 어찌 그 속에 거하겠느냐 자녀들아 우리가 말과 혀로만 사랑하지 말고 행함과 진실함으로 하자"

요한일서 3:17-18

성경은 헌금에 관하여
무엇을 가르칩니까?

제2장
성경은 헌금에 관하여
무엇을 가르칩니까?

예배 중 헌금을 드리는 시간에 어떤 생각을 하십니까? 헌금 바구니나 헌금함 앞에서 무슨 생각을 하십니까? 주보(예배 순서지)에 헌금자 이름이 빼곡히 적힌 것을 보면서 어떤 느낌이 드십니까? 혹시 '하나님도 돈을 좋아하시나 봐', '돈 없으면 교회 나오기 힘들어', '교회가 돈을 너무 밝혀' 등의 생각을 하지 않으십니까? 그렇다면 성경이 헌금에 관하여 무엇을 가르치는지를 살펴볼 필요가 있습니다. 이를 통해서 헌금에 관한 올바른 인식을 지니게 될 것입니다.

1. 구약성경의 가르침

1) 아브라함이 드린 십일조

성경에서 최초로 십일조(수입의 10%)를 드린

사람은 '믿음의 조상'이라고 불리는 아브라함입니다. 그는 전쟁에서 승리한 후 전리품, 곧 전쟁에서 승리하고 적에게서 얻은 물건 십분의 일을 멜기세덱에게 드렸습니다(창세기 14:17-20). 멜기세덱은 "지극히 높으신 하나님의 제사장"이었습니다. 그는 떡과 포도주를 가지고 아브라함에게 나아와서 축복했습니다. 그렇게 하자 아브라함은 자신이 얻은 것의 십분의 일을 멜기세덱에게 드렸습니다. 이때 강요에 의해서가 아니라 자발적으로 드렸습니다. 이는 지극히 높으신 하나님께서 그를 전쟁에서 승리하게 하셨고, 그에게 복을 주셨음을 고백하는 것이었습니다. 여기서 우리가 반드시 기억해야 할 것은 멜기세덱이 먼저 아브라함에게 먹을 것을 주면서 복을 빌어 주었다는 사실입니다. 곧 하나님께서 아브라함에게 복을 주시자 아브라함이 하나님의 제사장에게 십일조를 드렸습니다.

2) 율법서에 나오는 십일조

모세가 기록한 율법서에는 십일조에 관한 규

정이 있습니다. 율법은 모든 백성을 향해 자신들이 지닌 것 일부를 하나님께 바쳐야 한다고 적시했습니다. 이를 통해서 하나님이 만물의 소유자이시며 그들이 청지기라는 사실을 가르쳤습니다. 이것은 당부가 아니라 명령이었습니다. 따라서 모든 백성은 순종해야 했습니다. 율법은 십일조를 통해서 하나님의 집인 성소를 운영할 수 있게 했으며, 하나님의일을 전임으로 하는 레위인들과 제사장들이 생계를 영위할 수 있게 했고, 생활이 어려운사람들에게 실질적인 도움을 줄 수 있게 했습니다. 그리고 백성들은 이 명령에 순종함으로 하나님의 복을 받아 풍요로운 삶을 이어갈 수 있게 되었습니다.

3) 그 밖에

아브라함의 아들 야곱은 하나님의 은혜에 감사하여 십일조를 드렸습니다. 다윗 왕은 모든 것이 주께로부터 나왔으므로 수입의 일부를 주께 드리는 것이 마땅하다고 고백했습니다. 아모스 선지자는 십일조가 잘못 드려지고 오용되는 상황을 꾸짖었습니다. 히스기야 왕은 무너진 제사를 회복하면서 제사장과 레위인을 위한 십일조를 드릴 것을 지시했습니다. 느헤미야 총독은 성벽을 재건하고 예배를 회복하면서 십일조를 통하여 제사장들과 레위인들의 생계가 보장되게 했습니다. 그 밖에 구약성경 여러 곳에는 각종 헌금을 드리라는 명령이 있습니다. 위대한 인물들은 헌금 드리는 것을 기뻐했습니다. 그리고 하나님의 복이 임하는 것을 경험했습니다.

4) 헌금을 드리지 않는 자들을 향한 책망

하나님은 십일조를 하지 않는 자들을 엄하게 꾸짖으셨습니다. 이것은 대단히 강한 표현으로 묘사되어 있습니다. 십일조를 아예 바치지 않는 자들뿐 아니라 건성으로나 거짓으로 십일조를 바치는 자들이 책망의 대상이었습니다. 그들은 하나님의 것을 도둑질하는 자들이었습니다.

"사람이 어찌 하나님의 것을 도둑질하겠느냐 그러나

너희는 나의 것을 도둑질하고도 말하기를 우리가 어떻게 주의 것을 도둑질하였나이까 하는도다 이는 곧 십일조와 봉헌물이라"(**말라기 3:8**).

2. 신약성경의 가르침

1) 예수님의 말씀

예수님은 제자들에게 돈에 대한 욕심을 버리라고 말씀하셨습니다. 돈을 모으는 데 혈안이 되어 있던 부자를 언급하시면서, "어리석은 자여 오늘 밤에 네 영혼을 도로 찾으리니 그러면 네 준비한 것이 누구의 것이 되겠느냐"라고 하셨습니다(누가복음 12:20). 또한, 말씀을 듣고도 결실하지 못하는 자들을 향하여 "재물의 유혹에 말씀이 막혀 결실하지 못하는 자"라고 하셨습니다(마태복음 13:22). 그리고 유대 종교 지도자들이 외식적으로 행하는 것을 책망하시면서 헌금의 진정한 의미에 관하여 말씀하셨습니다(마태복음 23:23, 누가복음 14:42). 즉 십일조는 하나님을 향한 사랑과 참된 동기에 의한 것이어야 한다고 가르치셨습니다. 예수님은 한 가난한 과부의 정성이 담긴 적은 액수의 헌금을 크게 칭찬하셨습니다(마가복음 12:41-44).

2) 초기 교회의 나눔

초기 교회는 사랑과 나눔의 공동체였습니다. 기독교인들은 자기 재물을 가져와서 사도들의 발 앞에 두었는데, 이는 사도들이 알아서 가난한 사람들에게 물품을 나누어 주도록 위임하는 행동이었습니다(사도행전 2-4장). 또한, 초기 교회는 일곱 명의 일꾼을 선출하여 가난한 사람들을 구제하게 했습니다(사도행전 6장). 그들은 사회가 미처 감당하지 못하는 구제와 복지를 시행함으로 경제적 사각지대에 놓여 있는 사람들을 도왔습니다. 그리하여 초기 교회는 세상 사람들의 칭찬을 많이 받았으며, 이에 따라 구원받는 사람이 많이 늘었습니다. 이러한 일은 지금도 계속되어야 합니다. 오늘날에도 여전히 어렵고 힘들게 사는 사람이 많습니다. 그들을 돕기 위해서 그리스도인들은 발 벗고 나서야 합니다. 자신이 가진 것들을 기부해야 합니다.

3) 바울의 칭찬

사도 바울은 성도들이 자신을 재정적으로 도와준 일에 감사했습니다. 예컨대, 빌립보 성도들은 바울이 복음을 전할 때와 그가 복음을 전하다가 옥에 갇혀서 고난받을 때 재정적인 도움을 주었는데, 바울은 이를 크게 감사했습니다(빌립보서 4:10-20). 이처럼 하나님의 일을 하는 분들을 물질적으로 돕는 것은 매우 귀합니다. 그것은 하나님의 일에 참여하는 것입니다. 또한, 바울은 교인들이 물질로 서로 돕는 것을 중요하게 생각했습니다. 특히 기근으로 고통받던 예루살렘 교인들에게 이방 교인들이 모은 헌금(구제금)을 전했는데, 이를 매우 귀중하고 값진 일로 여겼습니다. 이러한 선행을 통해서 다양한 지역 교인이 하나가 될 수 있다고 보았습니다.

"환난의 많은 시련 가운데서 그들의 넘치는 기쁨과

극심한 가난이 그들의 풍성한 연보를 넘치도록 하게 하였느니라 … 그들이 힘대로 할 뿐 아니라 힘에 지나도록 자원하여 이 은혜와 성도 섬기는 일에 참여함에 대하여 우리에게 간절히 구하니 우리가 바라던 것뿐 아니라 그들이 먼저 자신을 주께 드리고 또 하나님의 뜻을 따라 우리에게 주었도다"(**고린도후서 8:2-5**).

4) 요한의 권면

사랑의 사도로 일컬어지는 요한은 헌금을 형제 사랑이라고 보았습니다. 그는 신자들이 다른 형제들을 사랑해야 한다고 말하면서, 말과 혀로만 사랑할 것이 아니라 물질을 사용함으로써 행함과 진실함으로 사랑해야 한다고 가르쳤습니다. 생각해 봅시다. 우리가 어떻게 다른 사람을 사랑할 수 있겠습니까? 말만으로 사랑하는 것은 충분하지 않습니다. 자기 것을 타인에게 나누어 줌으로 사랑을 실천해야 합니다. 자기 것을 기꺼이 나눕시다. 도움이 필요한 사람이 자기 앞에 있고 자신이 도울 힘과 여력이 있다면 도와줍시다. 이를 위해서 헌금할 수 있습니다. 교회는 성도들의

헌금의 상당액을 어려운 사람들을 돕는 일에
사용합니다.

"누가 이 세상의 재물을 가지고 형제의 궁핍함을 보
고도 도와 줄 마음을 닫으면 하나님의 사랑이 어찌 그
속에 거하겠느냐 자녀들아 우리가 말과 혀로만 사랑
하지 말고 행함과 진실함으로 하자"(**요한일서 3:17-
18**).

3. 헌금에 대한 마음가짐

성경이 헌금에 관해서 무엇을 가르치는지를
공부하면 헌금이 얼마나 중요하고 필요한 일
인지를 깨닫게 됩니다. 헌금이 돈을 바치는
일을 넘어서서 인생 전체를 헌신하는 일임을
알게 됩니다. 그러므로 헌금은 경제적인 사안
이 아니라 영적인 사안입니다. 그것은 믿음에
속한 일입니다. 우리는 헌금을 드리면서 하나
님의 은혜에 감사를 표하고, 하나님을 향한
헌신을 다짐하며, 드린 헌금이 하나님의 선한

사업을 위해서 사용되기를 바라는 소망을 가집니다. 참으로, 하나님의 은혜를 경험한 사람만이 헌금할 수 있습니다. 하나님과 교제를 누리는 사람만이 헌금할 수 있습니다. 그러므로 헌금은 함부로 드릴 것이 아닙니다. 계획적이어야 하며 조직적이어야 하고 체계적이어야 합니다. 하나님은 그런 마음가짐으로 드리는 헌금을 기뻐하십니다.

4. 헌금을 지칭하는 용어들

성경에는 헌금을 지칭하는 다양한 용어들이 있습니다. 이 용어들은 성경 원어의 의미를 살려서 우리말로 번역한 것입니다. 용어들 사이에 약간의 의미 구분이 있으나 차이가 없습니다.

1) **헌금(獻金)**: 성경에서 가장 일반적으로 사용되는 용어입니다. '바치는 돈'이라는 뜻입니다.
2) **헌물(獻物)**: 고대에는 돈뿐만 아니라 물건을 바치는

일이 있었습니다. 지금도 헌물을 드릴 수 있습니다. 교회에 필요한 물건을 기증하거나 교회를 통해서 이웃에게 물건을 나누어줄 수 있습니다.

3) **봉헌(奉獻)**: 하나님께 헌금을 드리는 행위를 '봉헌'이라고 합니다. 예배 순서지에 '봉헌'이라는 단어가 사용되는 경우가 많습니다. 봉헌 시간에는 일반적으로 담당 장로가 봉헌함을 들고 강대상 앞으로 나가서 목사에게 전달하고, 목사가 헌금한 분들을 위해서 축복 기도를 합니다.

4) **연보(捐補)**: 자기 재물을 내어 다른 사람을 도와주는 것을 '연보'라고 합니다. 헌금 가운데 일부는 다른 사람을 돕는 일에 사용됩니다. 특정 인물이나 단체를 돕기 위해서 연보의 성격을 지닌 헌금을 별도로 하는 수도 있습니다.

5) **헌상(獻上)**: 이 용어는 성경에 나오지 않습니다. 하지만 어떤 교회는 이 용어를 선호합니다. '헌상'이란 임금에게 물건을 바친다는 뜻입니다. 따라서 하나님께 바치는 헌금이라는 의미를 살려서 이 용어를 사용하

는 경우가 있습니다.

5. 헌금 종류

헌금에는 여러 종류가 있습니다. 교회에 따라 헌금 종류가 조금씩 다르지만, 다음은 공통입니다. 이 헌금들에는 각기 마련된 봉투가 있습니다(주일헌금은 봉투 없이 드리는 교회가 많음).

1) **십일조**: 소득의 10%를 드리는 것입니다. 십일조는 헌금의 표준입니다. 이는 소득의 10%가 하나님 것이고, 나머지는 자기 것이라는 뜻이 아닙니다. 오히려 자기 소득이 전부 하나님의 은혜로 주어진 것임을 인정하는 표시로 소득 일부를 구별하여 드리는 것입니다.

"만군의 여호와가 이르노라 너희의 온전한 십일조를 창고에 들여 나의 집에 양식이 있게 하고 그것으로 나를 시험하여 내가 하늘 문을 열고 너희에게 복을 쌓을 곳이 없도록 붓지 아니하나 보라"(**말라기 3:10**).

2) **주일헌금**: 매 주일 드리는 기본적인 헌금입니다. 그래서 '주정헌금'이라고 부르기도 합니다. 일반적으로 헌금 바구니나 헌금함에 넣지만, 별도의 봉투를 사용하는 교회도 있습니다.

3) **감사헌금**: 하나님의 은혜에 감사하여 드리는 헌금입니다. 감사 제목을 헌금 봉투에 적어서 드리시기를 권합니다. 목사는 그 제목을 읽으면서 더욱 감사가 넘치도록 기도할 것입니다.

4) **선교헌금**: 해외 선교나 국내 전도를 위해서 드리는 헌금입니다. 이 헌금은 정해진 용도를 위해서만 사용됩니다. 선교는 대단히 중요합니다. 선교를 위해서 꼭 헌금하시면 좋겠습니다.

5) **특별헌금**: 교회가 특별한 목적을 가지고 시행하는 헌금입니다. 이 헌금 역시 정해진 용도를 위해서만 사용됩니다. 예를 들어, 장학헌금, 구제헌금, 건축헌금 등입니다.

1. 구약성경은 헌금에 관해서 무엇이라고 가르치나요?

---

2. 신약성경은 헌금에 관해서 무엇이라고 가르치나요?

---

3. 헌금을 지칭하는 용어들에 관해서 말해 봅시다.

---

4. 우리 교회에는 어떤 종류의 헌금이 있나요?

---

5. 나는 돈을 드리는 것 외에 어떤 것을 드릴 수 있나
   요(예. 시간, 재능 등)?

"매주 첫날에 너희 각 사람이 수입에 따라 모아 두어서 내가 갈 때에 연보를 하지 않게 하라"

고린도전서 16:2

헌금은
어떻게 관리됩니까?

제3장
헌금은 어떻게 관리됩니까?

앞에서 언급했듯이, 대다수 교회는 헌금을 민주적이고 투명하며 정확하게 관리합니다. 그렇게 함으로써 돈으로 인해 파생하는 부정과 의혹이 일절 없게 합니다. 그렇다면 교회는 구체적으로 어떻게 재정을 관리할까요? 교회에 따라서 약간의 차이는 있지만, 대체로 이 장에서 소개하는 것과 같은 헌금 관리 체계를 지니고 있습니다. 교회가 헌금을 얼마나 정확하고 투명하게 관리하는지를 아신다면 교회를 신뢰하는 가운데 정성껏 헌금하실 수 있을 것입니다.

1. 교회와 헌금

헌금에 대해서 성경이 말씀하시는 것을 공부했다고 하더라도 여전히 여러 가지 의문이 생길 수 있습니다. 그중 하나는 '기독교인들이 각자 알아서 돈으로 선한 일을 하면 되지 않는가? 왜 굳이 교회에 헌금을 내야 하는가?'라는 질문입니다. 이에 대해서 말씀드리겠습니다.

첫째, 기독교인들은 개별적으로 존재하지 않고 교회로 묶이기 때문입니다. 교회는 하나님이 친히 세우신 기관입니다. 하나님은 그분의 백성들이 교회 공동체를 이루어서 믿음을 배우고 말씀을 익히며 사랑과 선행을 격려받게 하셨습니다. 즉 교회를 통해서 말씀을 주시고 은혜를 주시며 양육 받게 하셨습니다. 따라서 모든 신자는 교회에 속해야 합니다. 교회에 속하지 않으면 성장하기가 어렵습니다. 그래서 믿음의 선조들은 교회를 '신자의 어머니'라고 표현했습니다. 혹시라도 교회가 마음에 들지 않는다고 해서 혹은 교회에 다니기 싫다고 해서 교회에 속하지 않거나 주일날 예배당에 나가지 않는 것은 바람직하지 않습니다. 모든 신자는 반드시 개체 교회에 소속되어야 하며, 주일 예배에 참석해야 하고, 다른 교인들과 어울려야 합니다.

둘째, 선한 일은 교회의 공적인 직무이기 때문입니다. 교회는 사람의 몸과 같습니다. 그리스도는 교회의 머리이며, 신자들은 몸의 각 지체입니다. 따라서 신자들은 그리스도의 명령을 받아 일사불란하게 움직이는데, 그리스도께서 명하신 선한 사업을 신자 개인이 아니라 교회가 수행할 때 효력을 잘 발휘합니다. 개인적으로 선을 행해도 되지만, 교회가 주님의 명령에 따라 복음을 전하면서 어려운 사람을 돕는 것이 낫습니다. 명심하십시오. 헌금은 단순한 구제금이 아니라 하나님의 사업을 위해 사용되는 기금입니다. 따라서 교회에 헌금하는 것이 합당합니다.

셋째, 교회에서 시행하는 헌금을 통하여 교회에 속한 가난한 사람들을 도울 수 있기 때문입니다. 이미 언급했듯이, 헌금 중에 '연보'(捐補)가 있는데, 이는 다른 사람을 도와주는 돈을 뜻합니다. 교회는 헌금을 사용하여 어려운 교인들을 위한 구제 사업을 하며, 미래의 인

재를 양성하기 위한 장학 사업을 합니다. 이러한 일은 성도 상호 간에 교제하며 사랑을 나눌 수 있게 합니다. 그리고 이런 일은 헌금하는 사람에게도 복이 됩니다. 자기 혼자 돈을 써도 부족하다고 생각하겠지만, 실상 다른 사람들에게 나누어주면 하나님이 더 많은 것으로 채워주십니다.

넷째, 헌금이 선교를 위해서 사용되기 때문입니다. 선교는 교회의 궁극적 사명입니다. 교회는 복음을 세상에 전파합니다. 그런데 이때 돈이 필요합니다. 선교사를 양성하는 데 오랜 시간뿐만 아니라 상당한 재정이 소모됩니다. 선교사를 파송하여 현지에서 생활하고 사역하는 일을 지원하는 데에도 돈이 들어갑니다. 선교사들이 복음과 함께 음식과 물품을 가지고 갈 수 있게 하기 위해서도 돈이 필요합니다. 교인들이 드린 헌금은 선교 사역에 유용하게 사용될 수 있습니다. 따라서 교회에 헌금을 드리는 것은 교회의 사역에 동참하는 일이 됩니다.

2. 예배와 헌금

교인들은 교회에 헌금을 하되, 예배 시간에 드립니다. 어떤 교회는 헌금 바구니를 돌리고, 어떤 교회는 예배당 입구에 헌금함을 비치합니다. 코로나19 팬데믹 이후에는 온라인 헌금이나 자동이체 등을 이용하는 송금하는 경우가 생겼습니다. 어느 방식이 옳은지 약간의 이견이 있으나, 그리 중요하지 않습니다. 방식이야 어떻든 간에 예배 순서에 헌금은 꼭 들어 있습니다. 예배가 헌신과 경배라는 측면에서 볼 때, 헌금을 예배 시간에 드리는 것은 바람직합니다. 우리는 예배를 통해서 은혜에 감사하고 인도를 구하며 헌신을 다짐하는데, 헌금은 이러한 요소들을 드러내는 표식이 됩니다. 즉 헌금을 통해서 우리의 마음이 표현됩니다.

그러므로 예배 시간에 헌금을 드릴 준비를 하십시오. 헌금을 충분히 계획해서 드리십시오. 헌금 시간에 갑작스럽게 주머니에서 돈을 꺼내는 것은 바람직하지 않습니다. 바울은 다음과 같이 말했습니다. "매주 첫날에 너희 각 사람이 수입에 따라 모아 두어서 내가 갈 때에 연보를 하지 않게 하라"(고린도전서 16:2). 여기서 "매주 첫날"은 일요일, 즉 주일(주님의 날)입니다. 사도행전 20:7과 요한계시록 1:10에 따르면, 초기 기독교인들은 "매주 첫날"에 예배드리기 위해서 모였습니다. 이는 오늘날까지 이어져 오고 있습니다. 기독교인들은 주일(일요일)에 모여서 예배드리는 것을 중요하게 생각합니다. 또한, 복된 일로 여깁니다. 그런데 이때 바울의 가르침대로 연보(헌금)를 미리 모아 두어야 합니다. 준비해 두어야 한다는 뜻입니다. 아무렇게나 헌금하지 않도록 유의하십시오. 하나님은 준비된 헌금을 기쁘게 받으십니다.

그러나 교회에 처음 오신 분들은 헌금이 부담스러울 수가 있습니다. 부디 마음이 불편하지 않기를 바랍니다. 헌금에 대한 책임은 정회원(세례교인)에게 있습니다. 새로 나오신 분들은 부담을 지니지 않으셔도 됩니다. 헌금 문제로 인해 믿음 생활을 시작하지 못하는

것은 옳지 않습니다. 설혹 헌금을 드리시더라
도 액수에 구애받으실 필요가 없습니다. 자기
형편대로 하시면 됩니다. 교인들이 정성껏 드
린 헌금은 목사의 책임 아래 재정부장 장로
와 재정을 담당하는 분들(주로 집사들)이 정
확하고 꼼꼼하게 관리합니다. 누가 얼마를 헌
금했는지 공개하는 일은 없으며, 헌금을 잘못
사용하는 일도 없습니다. 이에 관해 이제 자
세히 설명하겠습니다.

3. 교회 재정관리 체계

교회는 교인들이 드린 헌금을 관리할 때 성
경의 가르침과 그것에 기반한 교회법을 따릅
니다. 이는 교회가 하나님이 세우신 기관이
며, 헌금이 하나님의 자녀들이 하나님께 드린
귀한 물질이기 때문입니다. 성경은 교회 운영
을 위한 지침을 주는데, 교회는 그 지침에 근
거하여 교회법을 만들어 놓았습니다. 교회법
은 교회 역사에서 유래가 깊습니다. 그것은

오래전에 제정되었으며 계속해서 발전하고 있습니다. 따라서 교회법을 잘 따르면 교회가 평안해지고 분쟁이 없어집니다. 특히 재정관리는 더욱 교회법대로 하고 있습니다. 이는 교회에서 일어나는 분쟁의 상당수가 재정 문제로 인한 것인데, 재정관리를 잘하면 문제가 크게 줄어들기 때문입니다.

교회법은 교회 재정을 관리하는 방식과 제도를 잘 마련해 놓았습니다. 즉 이를 지킴으로 재정이 잘 관리되게 했습니다. 다음은 교회법에 따른 교회 재정관리 체계입니다.

1) 재정 관리자 선정

교회 행정과 사안의 책임자는 목사입니다. 하지만 목사는 홀로 일하지 않고 교인들에게 업무를 맡깁니다. 이때 장로들과 의논하여 신중하게 인사 처리를 합니다. 특히 재정을 관리하는 일은 아무에게나 맡기지 않습니다. 대단히 신뢰하는 분들에게 맡깁니다. 성경은 믿음과 성령이 충만하여 하나님과 사람에게 인정받고 칭찬받는 사람들을 재정 관리자로 임

명한 예를 말합니다(사도행전 6:1-6). 재정 관리자들은 교인들이 드린 헌금을 중요하게 여겨서 성심성의껏 다룹니다. 특히 재정 관리자는 한 사람이 아니라 여러 사람입니다. 그들은 같이 일함으로 투명성을 높입니다. 교인들이 드린 헌금을 신성한 것으로 여겨서 한 푼도 헛되이 쓰이지 않게 하려고 최선을 다합니다. 이들은 규정과 절차를 엄수합니다. 이들을 충분히 신뢰하셔도 됩니다.

2) 금융 기관 이용

대다수 교회는 금융 기관을 이용해서 재정을 관리합니다. 즉 은행 통장을 사용합니다. 따라서 입출금 내역이 매우 정확하게 남습니다. 그리고 장부 기록과 영수증 보관을 엄격하게 합니다. 통장과 장부 그리고 영수증이 일치되게 합니다. 오늘날에는 디지털 재정관리 시스템을 도입하여 신뢰도를 높여 놓은 교회가 많습니다. 매년 감사가 모든 명세서를 살핀 후 그 결과를 교인들에게 보고합니다. 연말이나 연초에 요청하시는 분들에게 기부금 영수증을 발행하는데, 이를 위해서 헌금을 내신 분들의 이름과 액수를 정확히 기재해 놓습니다. 이렇게 교회는 재정을 정확히 관리하기 위해서 노력합니다. 교회 재정의 잘못된 사용이나 유용은 원천적으로 불가능합니다.

3) 주보 헌금자 명단

매 주일 나누어 드리는 주보에는 헌금한 교인들의 이름이 적혀 있습니다. 물론, 그렇지 않은 교회도 있으나 어떤 식으로든 헌금자 명단은 게시됩니다. 이렇게 주보에 헌금하신 분들의 이름을 적는 이유는 자신이 드린 헌금이 정확히 수납되었음을 알리기 위해서입니다. 즉 주보는 마치 영수증과 같은 역할을 합니다. 혹시라도 지난 주일에 헌금을 드렸으나 이번 주일 주보에 이름이 기재되어 있지 않은 것을 발견하신다면 교역자나 재정 관리자에게 알려주시기를 바랍니다. 주보 헌금자 명단을 보면서 불편함을 느끼는 분들이 있을 수 있습니다. 하지만 교회가 헌금을 대단히 정확하게 관리하고 있다는 표식으로 받아들여 주면 좋겠습니다.

4. 교회 회의 기구

교회 재정은 교회의 공적인 회의 기구에 의해서 결의되고 집행됩니다. 특정인이 교회 재정을 함부로 사용하는 일은 발생하지 않습니다.

1) 당회(혹은 운영위원회)

교회에는 목사와 장로로 구성된 당회가 있습니다. 그렇지 않으면 목사와 교인 대표자들로 구성된 운영위원회 혹은 유사한 이름의 기구가 있습니다. 이들은 교회 운영 제반 사항을 논의하는데, 그중 교회 재정을 감독하는 일을 합니다. 교인들이 드린 헌금을 전체 교인 회의(공동의회)에서 결의된 대로 사용되게 합니다. 그리고 그 명세를 제직회에 보고하게 합니다.

2) 제직회

교회 재정 사무를 처리하는 회의는 제직회입니다. 제직회 회원은 목사와 장로와 집사와 권사 등입니다. 교회는 일정 기간마다 제직회를 열어서 수입과 지출 내역을 상세히 보고합니다. 그리고 재정 사용에 대한 승인을 얻습니다. 따라서 교회 재정은 매우 투명하게 관리되며 민주적으로 사용됩니다. 재정으로 인해 문제가 발생할 여지를 차단합니다.

3) 공동의회

교회는 일 년에 한 번 이상 공동의회를 개최합니다. 공동의회는 교회 최고 의결 기관으로서 세례교인으로 구성됩니다. 교회는 공동의회에서 연간 결산을 보고 하며 예산을 수립합니다. 여기서 수립된 예산대로 교회는 선한 사업을 합니다. 또한, 공동의회는 교회 부동산에 대한 처리 권한을 가집니다. 따라서 동산은 물론이고 부동산 관리도 공적인 결의 절차를 따릅니다.

5. 재정 관리자들이 명심해야 할 사실

앞에서 말했듯이, 교회는 아무에게나 재정을

맡기지 않습니다. 대단히 신뢰하는 이들에게 맡깁니다. 하지만 모름지기 인간은 돈에 연약합니다. 그렇지 않으리라고 믿지만, 재정 사고가 발생할 여지가 있습니다. 그래서 교회는 상당히 정교한 법과 절차를 마련해 두었습니다. 그럼에도 빈틈이 있을 수 있습니다. 따라서 끊임없이 유의해야 합니다. 교회 재정을 관리하시는 분들께 당부드립니다. 교회 재정은 사람의 돈이 아닙니다. 그것은 하나님께 드려진 예물입니다. 따라서 교회 재정을 관리할 때는 대단히 신중해야 합니다. 재정 관리자들이 반듯한 믿음과 깨끗한 양심을 지니고 있다고 하더라도 그들 자신을 보호할 뿐만 아니라 전체 교인들에게 신뢰감을 심어주기 위해서 최선을 다해야 합니다. 이를 위해서 다음을 명심해야 합니다.

1) 헌금을 공적 결의와 절차에 따라서 사용해야 합니다.
2) 헌금을 아껴서 사용해야 합니다.
3) 수입과 지출 내역을 정확하게 기록해야 합니다.
4) 통장과 장부와 영수증이 일치되게 해야 합니다.

5) 수입과 지출 내역을 교인들에게 공개해야 합니다.

마지막으로, 교인들께 당부드립니다. 재정 관리자들을 신뢰하고 그분들의 노고에 감사합시다. 그분들의 헌신을 하나님께서 귀하게 보시고 값진 것으로 보상해 주시도록 기도합시다.

▸나눔◂

1. 헌금을 교회에서 드리는 이유는 무엇인가요?

_____

_____

_____

2. 헌금을 예배 시간에 드리는 이유는 무엇인가요?

_____

_____

_____

3. 교회는 헌금을 관리하기 위해서 어떤 노력을 기울이나요?

_____

_____

_____

4. 교회는 헌금을 관리하기 위해서 어떤 회의 기구를
   두고 있나요?

   _____

   _____

   _____

5. 주보에 헌금자 이름을 적는 이유는 무엇인가요?

   _____

   _____

   _____

"내가 진실로 너희에게 이르노니 이 가난한 과부는 헌금함에 넣는 모든 사람보다 많이 넣었도다 그들은 다 그 풍족한 중에서 넣었거니와 이 과부는 그 가난한 중에서 자기의 모든 소유 곧 생활비 전부를 넣었느니라"

마가복음 12:43

헌금을
어떻게 드려야 합니까?

제4장
헌금을
어떻게 드려야 합니까?

지금까지 헌금에 관해서 배웠습니다. 헌금은 하나님께 자신을 드리는 표식이라는 사실을 알았습니다. 헌금을 드리면서 헌신을 다짐해야 한다는 사실을 배웠습니다. 합당한 예배에 헌금이 포함된다는 사실을 깨달았습니다. 이제 헌금을 어떻게 드려야 하는지를 살펴보겠습니다. 즉 헌금 생활의 실제를 다루어 보겠습니다. 하나님께 어떤 식으로 헌신과 경의를 표시해야 할까요? 헌금을 드리는 자세가 어떠해야 할까요? 하나님은 어떻게 헌금을 드릴 때 기뻐하실까요?

1. 교회 헌법과 헌금

우선, 교회 헌법이 헌금에 관하여 무엇이라고 언급하는지를 살펴봅시다(예. 고신 교회 헌법).

교회 헌법[I. 예배 - 제3장 제15조, "예배와 헌금"]은 다음과 같이 말합니다.

국내외 복음 사업을 위하여 은혜받은 대로 하나님께 헌금을 드리되 그 순서는 예배 시간 중에 편리한 대로 택해야 한다.

1. 헌금의 의무: 모든 신자는 예배 시에 하나님으로부터 받은 은혜를 기억하고 예배의 일부분으로써 헌금을 드려야 할 의무를 가진다.
2. 헌금의 의의와 종류: 헌금은 성경이 가르치는 원리를 따라 십일조와 주일헌금으로 구분하되 십일조와 주일헌금은 당연한 의무이며 그 외 감사헌금, 기타헌금 등은 자유로운 헌납이 되어야 한다.
3. 십일조의 의무: 모든 성도는 성경의 가르침대로 소득의 십일조를 드리되 마땅히 소속한 본 교회에 드려야 한다.

또한, 교회 헌법[IV. 시행세칙 – 제3장 제3조, "교인의 의무 실행"]은 다음과 같이 말합니다.
교인은 예배(주일 공예배를 비롯한 각종 예배) 참석

과 헌금(십일조, 주일헌금, 감사헌금)을 드리는 것 그리고 전도(영혼 구원을 위한 헌신)와 봉사(교회 내외의 활동을 위한 섬김)의 의무를 갖는다.

그러므로 교회 헌법은 신자가 헌금을 드려야 할 의무를 지니고 있음을 명시합니다. 또한, 헌금에는 십일조와 주일헌금과 감사헌금 등이 있다고 알려줍니다. 특히 십일조를 마땅히 소속한 본 교회에 드려야 한다고 규정합니다. 그리고 하나님은 이러한 일을 기쁘게 여기십니다.

2. 헌금 드리는 자세

예배 시간에 헌금을 드리는 순서가 있습니다. 이때 헌금 봉사 위원들이 헌금 바구니를 돌립니다. 어떤 교회는 예배당 입구에 헌금함을 놓아두기도 합니다. 상당수 교회의 주보에는 어김없이 헌금자 명단이 기록되어 있습니다. 교회에 출석하면서 조금만 지내보면, 앞에서 이미 말했듯이, 여러 종류의 헌금이 있다는 사실을 알게 됩니다. 그리하여 교회에 다니고는 싶은데 헌금에 대한 부담 때문에 힘들다고 생각할 수 있습니다. 이해할 만한 고민입니다.

교회에 다니는 사람은 반드시 헌금을 내야 할까요? 그렇지 않습니다. 앞에서 말했듯이, 헌금은 정회원(세례교인)의 책임입니다. 그들은 헌금을 냄으로 교회를 운영하는 일, 곧 교회가 하는 일에 참여합니다. 교회에 처음 나오신 분들은 헌금에 대한 부담을 지니지 않아도 됩니다. 헌금으로 인해 하나님의 자녀가 되는 일이 방해를 받는 것은 바람직하지 않습니다. 교회에 나와서 가장 중요하게 여겨야 할 일은 예배를 잘 드리며 설교를 집중해서 듣는 것입니다.

헌금은 하나님의 사랑과 은혜에 대한 감사의 표현입니다. 헌금은 종교의식으로 내거나 강요 때문에 억지로 내는 것이 아닙니다. 그것은 즐겁게 그리고 자발적으로 내는 것입니다. 따라서 헌금으로 인해 마음이 불편해서는 안

됩니다. 헌금에 부담을 느끼지 마십시오. 언젠가 헌금을 드리고자 하는 마음이 생길 때 드리시면 됩니다. 강조하지만, 헌금 시간에 편안한 마음을 가지시길 바랍니다. 주변의 눈치를 보실 필요가 없습니다. 단지 하나님의 은혜를 생각하십시오.

예수님은 "네 보물 있는 그곳에는 네 마음도 있느니라"라고 하셨습니다(마태복음 6:21). 우리는 마음이 움직이는 곳에 돈을 사용합니다. 사회의 기부금을 생각해 보십시오. 어려운 사람을 보면 금전적으로 돕고 싶은 마음이 생깁니다. 가치 있고 보람 있는 일에 자기 돈이나 물건을 기부하고 싶어 합니다. 이때 사람들은 억지로 기부하지 않습니다. 즐거운 마음으로 합니다. 이처럼 돈은 마음과 함께 있습니다. 헌금도 마찬가지입니다. 헌금은 자발성을 특징으로 합니다. 하나님의 복을 받기 위해서 헌금하는 것이 아닙니다. 소원성취를 위해서 하는 것이 아닙니다. 다른 사람들의 이목 때문에 어쩔 수 없이 하는 것도 아닙니다. 헌금은 하나님께서 자신에게 베풀어 주신 일들을 생각하면서 감사하고 감격하여 기꺼이 그리고 즐겁게 드리는 마음의 표현입니다. 그리고 헌금이 귀중한 일에 사용된다는 확신이 생기므로 하는 것입니다. 실제로 교인들은 헌금할 때 억지로 하지 않습니다. 기쁘고 즐겁게 그리고 감사함으로 합니다.

특히 헌금을 아무렇게나 드리지 않도록 주의해야 합니다. 헌금 시간에 무심코 주머니에서 돈을 꺼내어 드릴 것이 아닙니다. 미리 준비해서 드리셔야 합니다. 주님을 사랑하는 마음과 깨끗하고 정결한 자세로 드리셔야 합니다. 헌금을 미리 계획하시고 준비하시며 자원하여 즐겁게 드리시기를 바랍니다. 성경은 헌금을 드리는 사람의 마음가짐에 대해 다음과 같이 말합니다.

"각각 그 마음에 정한 대로 할 것이요 인색함으로나 억지로 하지 말지니 하나님은 즐겨 내는 자를 사랑하시느니라"(고린도후서 9:7).

3. 헌금 액수

헌금을 얼마나 드려야 할까요? 성경은 헌금의 액수에 관해서 말하지 않습니다. 헌금 양은 정해진 것이 없습니다. 본인의 형편대로 하시면 됩니다. 남을 의식할 필요도 없습니다. 다만 정성껏 하십시오. 은혜받은 대로 하십시오. 믿음과 양심에 따라서 하십시오. 지나치게 많이 하는 것은 형편을 악화시킬 수 있습니다. 헌금이 양심을 구속하는 것은 옳지 않습니다. 그러나 너무 성의 없는 헌금은 합당하지 않습니다. 처음 교회에 나왔거나 경제형편이 어렵다면 어쩔 수 없지만, 그렇지 않으면서 너무 적은 금액을 헌금하는 것은 바람직하지 않습니다. 할 수 있는 한 교회 운영을 위하여, 선한 사업을 위하여, 그리고 가난한 사람들을 돕기 위하여 조금 더 헌금하시기를 권합니다. 이것은 하나님의 복을 많이받는 방법입니다. 하나님은 헌금하는 사람들에게 더욱 많은 것으로 갚아주십니다. 하나님의 보상을 경험해 보십시오.

예수님이 헌금에 대해서 말씀하신 예를 소개하겠습니다. 마가복음 12:41-44(같은 이야기가 누가복음 21:1-4에도 나옴)에 나오는 이야기입니다. 하루는 예수님께서 헌금함 앞에 앉으셔서 사람들이 어떻게 헌금함에 돈을 넣는지를 보셨습니다. 부자들은 많은 액수를 헌금했습니다. 그들에게는 많은 액수가 부담되지 않았습니다. 그러나 한 가난한 과부는 '두 렙돈'을 헌금했습니다. '렙돈'은 당시에 사용되던 가장 적은 가치를 지닌 동전입니다. 오늘날로 치자면, 두 렙돈은 2,000~3,000원에 불과합니다. 하지만 그것은 가난한 과부에게 큰 액수였습니다.

예수님은 이에 관하여 다음과 같이 평가하셨습니다.

"내가 진실로 너희에게 이르노니 이 가난한 과부는 헌금함에 넣는 모든 사람보다 많이 넣었도다 그들은 다 그 풍족한 중에서 넣었거니와 이 과부는 그 가난한 중에서 자기의 모든 소유 곧 생활비 전부를 넣었느니라"(**마가복음 12:43**).

4. 헌금을 드리지 못하는 경우

예배당에 처음 나왔거나 경제적으로 어렵거나 기타 이유로 헌금을 드리지 못하는 경우가 있습니다. 이럴 때 어떻게 해야 할까요? 우선, 헌금을 드리고 싶어도 드리지 못하는 그 심정을 주님이 잘 아신다는 사실을 명심해야 합니다. 우리 주님은 사랑이 많으시며 긍휼함이 풍성하십니다. 가난한 사람, 어려운 사람, 고통 중에 있는 사람에게 은총을 베풀어 주십니다. 그리고 교회는 경제 능력으로 사람을 차별하지 않습니다. 돈이 없는 사람도 얼마든지 교회에 나와서 하나님의 자녀가 될 수 있으며, 교회 생활을 아무런 지장 없이 하실 수 있습니다.

그러나 어느 정도 성장한 그리스도인이라면 헌금의 중요성과 필요성을 압니다. 교회에 돈이 있어야 한다는 사실을 인지합니다. 교회가 돈을 가지고 선하고 아름다운 일을 한다는 것을 알고 여기에 참여하고 싶어 합니다. 그리하여 기꺼이 그리고 즐겁게 헌금합니다.

간혹 돈 대신 다른 것을 드리겠다고 생각하는 사람이 있는데, 이는 틀리지 않지만 옳지도 않습니다. 우리는 돈을 포함하여 모든 것을 드릴 수 있어야 합니다. 예수님은 다음과 같이 말씀하셨습니다.

"네게 아직도 한 가지 부족한 것이 있으니 네게 있는 것을 다 팔아 가난한 자들에게 나눠 주라 그리하면 하늘에서 네게 보화가 있으리라 그리고 와서 나를 따르라"(누가복음 18:22).

하나님은 우리가 지닌 모든 것, 곧 인생 전체를 드리기를 원하십니다. 그리고 이것은 우리에게 손실이나 희생이 아니라 이득이며 행복입니다. 하나님은 우리의 아버지시며 주인으로서 우리의 삶 전체를 보호하시고 인도하시며 책임지십니다. 돈이 아까워서 혹은 눈앞에 놓여 있는 현실적인 어려움 때문에 헌금하지 못하는 것은 온당하지 않습니다. 헌금은 자발성과 더불어 당위성을 특징으로 합니다. 그리스도인들은 자원하여 헌금해야 합니다. 그렇게 할 때 하나님은 많은 복을 내려 주십니다.
이러한 복을 경험해 보십시오.

5. 헌금 드리면서 지녀야 할 마음가짐

헌금을 드릴 때 마음가짐을 바로 지녀야 합니다. 헌금을 아깝다고 생각하지 말아야 합니다. 돈의 주인이 하나님이심을 기억하고 자신은 청지기일 뿐이며, 헌금 드리는 것이 자기 것을 드리는 것이 아니라 하나님의 소유 일부를 그분께 돌려드리는 것임을 알아야 합니다. 또한, 자기는 헌금하는데 다른 사람은 왜 헌금하지 않냐고 겉으로나 속으로 비방하지 말아야 합니다. 헌금은 개인이 알아서 할 일입니다. 사람들의 생각과 처지는 다 다릅니다. 헌금에 대한 책임과 의무는 각자에게 있습니다. 헌금은 하나님과 개인의 관계에서 비롯됩니다.

헌금을 드렸으면 그것으로 끝내야 합니다. 헌금을 드렸다고 해서 자신에게 헌금 액수만큼의 지분이 있는 것으로 생각하는 것은 옳지 않습니다. 자기 권리를 주장하려는 태도 역시 바람직하지 않습니다. 왜냐하면, 헌금이란 사람에게 돈을 준 것이 아니라 하나님께 그분의 돈 일부를 돌려드린 것이기 때문입니다. 하나님께 마땅히 드릴 것을 드렸을 뿐이라고 생각해야 합니다. 오히려 헌금할 수 있는 돈이 있었다는 사실 자체로 감사해야 합니다. 이 세상에는 헌금하고 싶어도 돈이 없어서 하지 못하는 사람이 많습니다. 헌금하는 것은 그 자체로 복입니다.

헌금을 드린 후에는 헌금이 하나님의 뜻대로 바르고 선하게 사용되도록 기도해야 합니다. 헌금이 사용되는 곳에 하나님의 영광이 드러나며, 사람들이 하나님의 사랑과 은혜를 깨닫고 누리는 일이 생기기를 바라야 합니다. 그리고 실제로 그런 일이 일어나는데, 이를 직간접으로 목격하는 것은 즐겁고 행복한 경험입니다. 교회가 이 세상에서 사명을 발휘하려면 돈이 있어야 합니다. 그리고 그 돈은 교인들의 헌금으로 채워집니다. 그러므로 헌금을 드림으로 교회의 복음 사업에 참여할 수 있게 되었다는 사실로 인해 보람을 느끼시기를 바랍니다.

마지막으로 당부합니다. 자신이 드린 헌금으로 목회자가 생활한다고 여기지 말아야 합니다. 목회자는 교인들로부터 급료를 받고 사는 사람이 아닙니다. 하나님의 종으로서 하나님의 공급하심을 받고 사는 사람입니다. 더욱이 대다수 목회자는 경제적으로 빠듯하게 살아갑니다. 교회에서 생활비를 받지만, 넉넉하게 받지 못하는 경우가 많습니다. 또한, 생활비를 받아서 어려운 사람을 돕거나 선한 일을 하는 데 많은 액수를 씁니다. 심지어 어떤 목회자는 교회에서 받는 생활비가 부족하여 세속 직업을 가지는 수도 있습니다. 그렇게 되면 설교의 질이 떨어지고 교인을 목양하는 일이 소홀해질 수밖에 없습니다. 그러므로 교회는 목회자들이 생계를 걱정하지 않고 목회에 전념할 수 있도록 배려해 드려야 합니다. 이는 교단적 과제이기도 합니다.

▶ 나눔 ◀

1. 교회 헌법은 교인이 헌금을 드려야 한다는 사실을
   어떻게 명시하고 있나요?

---

2. 헌금을 드리는 자세는 어떠해야 하나요?

---

3. 헌금 액수는 얼마가 적당할까요?

---

4. 헌금을 드리지 못하는 경우에는 어떻게 해야 할까요?

----

5. 교회가 사람들에게 돈 문제에 대해 실망감을 안기
   지 않으려면 어떻게 해야 할까요?

"각각 그 마음에 정한 대로 할 것이요 인색함으로나 억지로 하지 말지니 하나님은 즐겨 내는 자를 사랑하시느니라"

고린도후서 9:7

헌금은
어디에 사용됩니까?

제5장
헌금은 어디에 사용됩니까?

교인은 자신이 드린 헌금이 어디에 사용되는지를 알아야 합니다. 그래야 헌금을 더욱 진정성 있게 드릴 수 있습니다. 참으로, 헌금을 정성스럽게 드리는 일 못지않게 중요한 것은 드려진 헌금이 올바르게 사용되게 하는 일입니다. 그렇다면 헌금은 어디에 사용될까요? 교회마다 사정이 달라서 사용처가 같지는 않습니다. 표준을 제시하기도 어렵습니다. 각 교회가 성경의 교훈과 교회의 현실적 필요성, 그리고 교인들의 의견을 고려하여 사용처를 정할 수 있습니다.

1. 성경에 기록된 헌금 사용처

성경은 헌금이 어디에 사용되었다고 말할까요? 성경이 알려주는 헌금의 사용처는 다양하고 많지만, 크게 다섯 가지입니다. 이것은 오늘날 교회에서 거의 그대로 반영됩니다.

1) 제사(예배)를 지내기 위한 시설물인 성막과 성전을 건축하며 유지하는 일과 제단에 올릴 제물을 준비하는 일에 사용되었습니다. 이것은 가장 중요한 헌금 사용처였습니다. 하나님은 제사에 정성을 많이 쏟을 것을 요구하셨습니다. 그리하여 신자들은 이 일에 최선을 다했습니다.

2) 하나님의 일을 전임으로 하는 일꾼들의 생활비 지급에 사용되었습니다. 신자들이 드린 헌금으로, 구약시대에는 성막과 성전에서 봉사하는 레위인과 제사장의 생활비를, 그리고 신약시대에는 하나님의 말씀을 전하는 목회자(교역자)의 생활비를 지급했습니다.

3) 가난한 사람들을 구제하는 데 사용되었습니다. 교회 역사에서 경제적으로 어려운 사람들을 돕는 일은 항상 중요했는데, 특히 고대에는 사회 복지 제도가 부족했으므로 더욱 그러했습니다. 그리하여 신자들은 헌금을 내어서 이들을 도왔습니다.

4) 전도와 선교에 사용되었습니다. 전도와 선교는 사람이 하는 일입니다. 하지만 사람에게 돈이 있어야 전도하고 선교할 수 있습니다. 신자들은 헌금을 통하여 전도자들과 선교사들을 양성하고 지원함으로 복음 전파에 참여할 수 있었습니다.

5) 다음 세대를 양육하는 데 사용되었습니다. 구약시대의 선지자들과 신약시대의 사도들은 복음을 후세대에 계승하고 가르치기 위해서 최선을 다했습니다. 그래서 선지자 양성학교(신학교)를 운영하고, 제자 훈련을 시행했습니다. 이를 위해서 헌금이 쓰였습니다.

2. 오늘날 헌금 사용처

오늘날 교회에서 헌금은 어떻게 사용되고 있을까요? 교회마다 조금씩 다르지만, 일반적으로 다음과 같은 용도로 사용됩니다. 그런데 먼저 알아야 할 사실은 헌금이 특별한 이유 없이 특정인에게 지급되거나 심지어 대출과 같은 형태로 사용되지 않는다는 점입니다.

우선, 목회자들과 직원들의 생활비가 큰 비중을 차지합니다. 이는 자연스럽습니다. 일반 기업이나 사업체에서도 인건비가 차지하는 비중이 제일 큽니다. 다음으로 건물 유지 및 관리비, 교육 부서 지원비, 학생들을 위한 장학금, 가난한 이들을 위한 구제금 등이 비중을 많이 차지합니다. 그리고 해외 선교비, 국내 전도비, 물품 구입비, 기타 제반 비용 등이 뒤를 잇습니다. 따라서 대다수 교회는 교회 본연의 사명을 감당하기 위해서 재정을 사용합니다.

조금 특별한 교회는 선교비 및 전도비나 구제비 등 대외적으로 지출되는 비용을 중요하게 여깁니다. 심지어 재정의 50% 이상을 교회 바깥으로 내보내는 예도 있습니다. 그러나 이는 일반적이지 않습니다. 이렇게 하려면 다른 비용을 많이 줄여야 하기 때문입니다. 목회자들과 직원들의 임금이 낮아질 수밖에 없으며, 각 부서에 필요한 만큼의 재정을 보내지 못할 수 있습니다. 따라서 일반적인 교회에서는 외부로 보내는 액수가 50%를 밑돌 수

밖에 없습니다.

결론적으로, 오늘날 교회는 성경의 원리를 따르는 가운데 각 교회 형편과 여건을 반영하여 재정을 사용하고 있습니다. 즉 교회가 지닌 전통과 특성을 고려하여 재정을 집행합니다. 그런데 이때 염두에 두어야 할 사실이 있습니다. 다른 교회가 재정 사용을 어떻게 하는지를 파악하여 괜찮은 점을 모방하는 것은 좋지만, 다른 교회처럼 우리 교회가 꼭 해야 한다고 주장하는 것은 옳지 않습니다. 사실 이는 재정 사용뿐 아니라 모든 면에서 그러합니다. 다른 교회를 무작정 모방할 필요가 없습니다. 교회의 본질을 유지하되, 개 교회의 상황을 생각해야 합니다.

3. 제안(일례)

다음은 재정 사용 예입니다. 성경의 교훈과 교회법 및 교회 전통, 그리고 현실적 필요를 고려하여 정해 보았습니다. 하지만 개체 교회

의 사정이 다르니 일률적으로 적용할 필요는
없습니다.

1) 목회자 생활비

예수님은 제자들을 전도자로 보내실 때 "일꾼
이 자기의 먹을 것 받는 것이 마땅함이라"고
하시면서 사람들로부터 물질을 공급받을 수
있다고 말씀하셨습니다(마태복음 10:10). 그
리고 바울은 "성전의 일을 하는 이들은 성전
에서 나는 것을 먹으며 제단에서 섬기는 이들
은 제단과 함께 나누는 것을 너희가 알지 못
하느냐 이와 같이 주께서도 복음 전하는 자들
이 복음으로 말미암아 살리라 명하셨느니라"
고 하면서 전도자가 사례금을 받을 수 있다고
했습니다(고린도전서 9:13-14). 그러므로 교
회는 목회자에게 생활비를 드려야 합니다. 교
회마다 형편이 다르기에 액수나 규모를 정하
기는 어렵습니다. 상식과 합리성을 가지고 정
하면 되겠습니다. 그리고 목회자는 물질에 욕
심을 내지 말고 교회가 생활비를 제공하는 대
로 받으면 좋겠습니다.

2) 예배비

교회에서 시행하는 가장 중요한 일은 예배입니다. 예배를 드리지 않는 교회는 교회가 아닙니다. 예배를 위한 재정에는 성례비(세례와 성찬 준비와 시행), 주보 인쇄비, 찬양대 운영비 등이 있으나 교회 제반 시설과 비품 등이 실상 예배를 위한 것인 만큼 그 종류가 많습니다. 특히 찬양대를 운영하는 데 재정이 많이 들어갑니다. 악기와 방송 시설 및 악보집 등이 필요하기 때문입니다. 아울러 교인들은 지휘자와 반주자, 그리고 대원들의 수고와 헌신에 감사를 표해야 합니다. 그들을 통해 우리가 드리는 예배가 더욱 풍요로워지고 은혜로워지기 때문입니다.

3) 교육비

교회는 다음 세대를 양성하는 일에 관심을 가져야 합니다. 다음 세대가 없으면 교회가 문을 닫기 때문입니다. 이를 잘 알기에 상당수 교회는 다음 세대 교육에 재정을 많이 사용합니다. 물론 교육은 돈만으로 되는 것이 아닙니다. 하지만 돈이 없으면 제대로 하기가 어렵습니다. 어린이들뿐 아니라 장년 교육도 중요합니다. 장년을 위한 성경공부반이나 제자훈련반 등에 재정을 사용해야 합니다. 그래서 가르치는 일과 배우는 일이 원활하게 이루어지게 해야 합니다.

4) 전도 및 선교비

전도와 선교는 교회가 수행해야 할 중요한 사역입니다. 따라서 이를 위한 재정 책정에 소홀함이 없어야 합니다. 다른 데 돈을 쓸 곳이 많기에 전도와 선교에 돈을 충분히 쓸 수 없다고 생각하는 것은 큰 잘못입니다. 예배와 교육은 결국 전도와 선교를 위한 것입니다. 교회는 전도비와 선교비를 넉넉히 책정해야 합니다. 전도 활동과 선교사 지원에 최선을 다해야 합니다. 그런데 이 일을 열심히 하면 교회가 놀랍게 부흥하고 교인들의 삶이 풍요로워집니다.

5) 경조비

교인은 물론이고, 교회 근처에 사는 비교인에게도 경조비를 적절하게 지출할 필요가 있습니다. 그들의 대소사에 진정한 축하나 위로의 메시지와 함께 부조금이나 선물을 보내드리는 것은 주님의 사랑을 실천하는 일입니다. 이때 대상과 기준을 명확히 정해야 합니다. 경조비를 차등해서 보내거나 잘못 보냈다가는 원망을 들을 수 있기 때문입니다. 일관성과 형평성을 가지고 사람들의 상황과 처지를 잘 헤아려서 경조비를 보냄으로 사랑을 실천하면 좋겠습니다.

6) 구제비

교회는 구제비 예산을 책정하여 교인 중에서 어려운 분이거나 교인이 아니지만 어려운 분에게 경제적 도움을 드릴 수 있습니다. 이는 기독교 역사에서 초기 때부터 시행해 온 일입니다. 교회가 사회 복지 사각지대에 있는 분들을 찾아서 실질적인 도움을 드리기를 권합니다. 구제 대상을 잘 선정해야 합니다. 액수도 적정해야 합니다. 복음 전파와 연계해서 할 필요가 있으나 너무 무리하지 말아야 합니다. 주님은 교회가 이런 일을 행할 때 기뻐하십니다.

7) 사무 행정 및 관리비

교회는 상당량의 사무 행정 업무를 수행합니다. 큰 교회일수록 양이 더 많아집니다. 건물 관리 비용도 마찬가지입니다. 건물이 클수록 유지관리 비용이 커집니다. 사무 행정을 위해서 사무원을 고용할 수 있고, 건물 관리를 위해서 관리인을 둘 수 있습니다. 하지만 인건비가 만만치 않습니다. 따라서 큰 교회가 아니고서는 담당 인력을 두기가 어렵습니다. 작은 교회에서는 인력을 두지 못하더라도 관련 경비를 사용해야 합니다. 이 경비에는 제세공과금, 소모품비, 전기세, 수도세, 차량 유지비, 각종 보험료, 임차료(임대 교회일 경우) 등이 포함됩니다.

8) 대외적인 재정

이것은 교회 밖으로 나가는 재정을 의미합니다. 여기에는 미자립교회 후원비, 장학금, 사회 재난 지원비, 불우이웃 돕기 성금, 지역 사회 발전 기금 등이 포함됩니다. 교회 밖으로 나가는 재정은 많으면 많을수록 좋습니다. 이는 선한 사업을 위한 것이기 때문입니다. 하지만 교회 형편을 도외시한 채 무작정 많이 내보내는 것은 바람직하지 않습니다. 교회의 전반적인 재정 상태를 고려하고 교인들의 뜻을 헤아리면서 내보내야 합니다.

9) 예배당 건축비

예배당을 건축하는 경우 막대한 재정이 들어갑니다. 그래서 예배당 건축비는 일반 재정(경상비)과 별도로 운용하는 경우가 많습니다. 예배당 건축은 교회의 사정에 따라서 결정할 수 있습니다. 그런데 예배당을 짓되 너무 무리하지 않도록 유의해야 합니다. 자칫하다가는 과도한 빚을 질 수 있기 때문입니다. 그렇게 되면 향후 상당한 기간 빚을 갚아야 합니다. 게다가 건물이 클수록 관리 및 유지 비용이 만만치 않습니다. 예전에는 예배당을 웅장하게 지어 놓으면 사람들이 몰려와서 금방 부채를 해결했지만, 지금은 그렇지 않습니다. 이제는 그런 시대가 아닙니다. 오히려 작은 건물에서 소박하게 북적거리는 것이 나을 수 있습니다.

4. 재정 사용 절차

교회 재정 사용은 정해진 절차에 따라서 시행됩니다. 교회마다 조금씩 다르지만, 일반적으로 다음과 같은 절차를 따릅니다. 1) 연말이나 연초에 개최하는 공동의회에서 예산을 승인합니다. 2) 각 부서는 당회의 지도와 감독 아래 승인된 예산을 집행합니다. 3) 각 부서에서 재정을 요청하면 재정부장과 담임목사가 결재함으로써 허락합니다. 4) 각 부서장은 배당된 재정을 잘 사용하도록 지도합니다. 5) 재정은 금융 기관 통장 이체를 원칙으로 합니다. 6) 재정을 사용한 후에는 내역을 장부에 기록하고 영수증을 보관합니다. 7) 교회는 재정 사용 내역을 제직회에 보고합니다. 8) 매년 정기 감사를 시행합니다. 9) 교회에 중대하거나 긴급한 일이 일어났을 때는 담임목사가 장로들과 논의하여 재정을 먼저 사용하고 제직회에 추인받을 수 있습니다. 10) 부동산을 처리하거나 큰 액수를 집행할 때는 별도로 회의(공동의회)를 개최합니다.

5. 재정 사용 범위

여기까지 글을 읽고 나면 교회를 운영하는데 재정이 이렇게나 많이 들어간다는 사실에 놀라실 것입니다. 그러나 교회 재정 사용 범위는 더 넓습니다. 그렇기에 가정이나 기업도 그렇겠지만 교회도 항상 돈이 부족합니다. 재정을 절약하려고 노력하지만, 여전히 써야 할 곳이 많습니다. 작은 교회는 작은 교회대로, 큰 교회는 큰 교회대로 그렇습니다. 특히 교회 건물을 신축하거나 리모델링할 경우 혹은 교회에 일이 생겨서 큰 액수를 집행해야 할 경우가 있는데, 이때는 더욱 치열하면서도 정교한 논의를 거칩니다. 이제 글을 맺습니다. 교회는 재정을 함부로 사용하지 않습니다. 공적 결의와 절차에 따라서 사용합니다. 재정을 아껴서 사용하며, 사용 내역을 정확히 기록해 놓고, 영수증 등 관련 서류를 보관하며, 결과를 교인들에게 보고합니다.

▸ 나눔 ◂

1. 성경은 헌금의 사용처가 어디라고 알려주나요?

2. 지금까지 헌금이 어떻게 사용되는 줄 알았나요?

3. 내가 드린 헌금이 어떻게 사용되기를 원하나요?

4. 헌금이 잘못 사용되는 예는 무엇일까요?

----

5. 교회 재정 사용 절차는 무엇인가요?

생각모음.ZIP

성도의 헌금생활

초판 인쇄일 2025년 4월 25일

초판 발행일 2025년 5월 1일

지은이 황원하

발행인 이기룡

펴낸곳 생명의양식

등록번호 서울 제22-1443호(1998년 11월 3일)

주 소 서울특별시 서초구 고무래로 10-5(반포동)

전 화 (02)592-0986

팩 스 (02)595-7821

홈페이지 qtland.com

디자인 이새봄